Bekommen Was Ich Will

So gewinnst du dein Umfeld für dich
und erfüllst dir deine Wünsche.

Von Eli J. Peterson

© 2016 Eli J. Peterson

Inhaltsverzeichnis

Was dich erwartet

Sei es in welches Restaurant wir heute gehen, das nächstes Urlaubsziel eine Lohnerhöhung oder einen gewünschten Partner-/in. All diese Dinge wollen wir immer und immer wieder, einige kriegen sie jedes Mal und einigen kommt es vor als hätten sie nie Glück. Warum scheint es so, dass einige Menschen in unserem Umfeld immer alles bekommen was Sie wollen und andere nicht? Oder warum sind meine Entscheidungen meistens schlechte Entscheidungen, emotional oder rational?

Manchen kommt es unfair vor, andere nennen es Schicksal und einige nennen es Glück. Jedoch nur wenige nennen es „Können" und komischerweise sind es genau diejenigen, welche meistens das bekommen was sie wollen.

Warum ist das so? Kann man diese Eigenschaften wirklich erlernen oder ist das einfach eine Begabung, die man entweder hat oder eben nicht hat?

Genau diese Fragen werden in diesem Buch erläutert. Du wirst Tricks und Tipps lernen, welche es dir erleichtern werden schneller Menschen zu beeinflussen. Du wirst lernen wie man größere Menschenmengen beeinflussen kann. Sowie auch interessante Techniken von den verschiedensten Psychologen bis zu jungen erfolgreichen Unternehmern. Du wirst verschiedene Fragestellungen erlernen, welche dir den Verkauf eines Produktes erleichtern werden. Spannendes Wissen erwartet dich, welches du beruflich, privat oder sogar im Liebesleben anwenden kannst. Viele Tricks und Tipps in diesem Buch sind sehr Verkauf spezifisch dargestellt. Auch wenn du selber kein Produkt hast, welches du verkaufst, kannst du diese Tipps verwenden. Denn ob du ein Produkt oder dich selber verkaufst, verkaufen bleibt verkaufen.

1. Das Verlangen

Um gewisse Vorgänge und Entscheidungen der verschiedensten Menschen verstehen zu können, muss man herausfinden was genau im Kopf dieser Person abgeht.

Für viele Ärzte oder Biologen ist das menschliche Gehirn etwas vom kompliziertesten was es auf der Welt gibt. Wissenschaftlich gesehen hat es noch kein Mensch geschafft das menschliche Gehirn komplett verstehen zu können.

Wir schauen jetzt aber das Gehirn mal nicht aus biologischer Sicht an, sondern aus einer verhaltenstechnischen Perspektive.

Jeder Mensch ist anders, das stimmt vollkommen. Ob ehrlich oder unehrlich, freundlich oder unfreundlich, gierig oder nicht. Es gibt jedoch einige Eigenschaften des Menschen, bei welchen wir alle genau gleich funktionieren.

Das Gehirn ist wie das Universum, unendlich groß und wahrscheinlich wird es kein Mensch jemals hinbekommen das ganze Universum zu kennen. Jedoch je mehr einzelne Sterne und Muster wir kennen und lernen, desto grösser wird unser Wissen und umso näher kommen wir an das Ganze.

Ein Punkt in welchem jeder Mensch ganz tief im Aufbau des Gehirns gleich ist, ist das Stillen unseres Verlangens. In anderen Worten ausgedrückt, jeder Mensch denkt ganz tief im Innern immer nur an sich. Jede Handlung, jede Entscheidung die wir treffen, treffen wir nur um unser Verlangen nach einem bestimmten Gefühl oder Bedarf zu befriedigen.

Diese Tatsache mag für den Einen oder Anderen kränkend klingen, wenn wir jedoch tiefer in die Materie einsteigen, wird es einige Unklarheiten bereinigen.

Ein Beispiel um etwas Klarheit ins Spiel zu bringen:

Spendet jemand regelmäßig oder auch nur schon einmalig Geld oder andere Gegenstände an Menschen in Not, hilft er nicht nur den Empfängern, sondern er befriedigt auch sein eigenes Verlangen nach einem Gefühl in sich, welches das Spenden auslöst. Dieses Verlangen nach diesem guten Gefühl, welches der

Spender bekommt, ist gleich wie die Menge des Geldes welches der Spender spendet.

Dieses Szenario kann man überall im Alltag finden. Zum Beispiel in einer Freundschaft.

Eine Freundschaft besteht aus vielen verschiedenen Punkten, Vertrauen, Unterstützung, gemeinsamen Interessen und noch vielen mehr. Wird das Verlangen, einer oder mehreren dieser Punkte, in der Freundschaft nicht mehr genug befriedigt, so sieht das Gehirn es nicht mehr notwendig diese Freundschaft aufrecht zu erhalten. Das Verlangen an sich, ist von Mensch zu Mensch unterschiedlich.

Der Mensch mag dieses Gefühl, wenn man jemanden hat, der einen unterstützt oder hinter einem steht. Der Mensch mag das Gefühl, welches man bekommt, wenn ein bestimmter Mensch körperlich nahe an einem ist. Egal was es ist, wird eine bestimmte Menge des Bedarfes nicht mehr befriedigt, so fängt das Gehirn an den Mangel zu vermissen und ihn mit der Zeit woanders zu suchen. Die Geschwindigkeit dieses Prozesses ist von Mensch zu Mensch unterschiedlich. Einige Menschen erholen sich einiges schneller von einer Trennung als Andere, und fangen somit auch einiges schneller wieder an „auf die Suche" zu gehen.

Jede Handlung, welche der Mensch macht, hat irgendwo einen Nutzen für sich selbst. Auch wenn man manchmal denkt eine Handlung sei selbstlos, irgendein Verlangen des Gehirns löst eine solch Selbstlose Handlung aus.

Du weißt nun also, dass ganz tief im Inneren jeder Mensch nur an sich denkt. Was also kannst du jetzt mit diesem Wissen nur anstellen?

Es ist im Prinzip ganz einfach. Willst du etwas von jemandem, so musst du zuerst dieser Person selbst etwas geben. Profitiert dieser Mensch nicht von dir, so kannst du auch nicht von ihm profitieren. Wie man voneinander profitiert ist meistens unterschiedlich.

Der eine Mensch sieht in dir vielleicht Profit, wenn er mit dir regelmäßig was unternehmen kann, während dem du von den außerordentlichen, sportlichen Fähigkeiten des Gegenübers profitierst.

Es mag vielleicht schwachsinnig klingen, wird aber heutzutage oft verwendet. Gibt man jemandem etwas was diese Person/en mögen und schätzen, so haben sie etwas zu verlieren und neigen daher eher dir zuzustimmen.

Wer kennt es nicht, man tritt neu einem Sportklub bei oder fängt eine neue Arbeit an, lernt an einem Treffen neue Leute kennen und da gibt es dann immer den Einen -den alle mögen, -oder der Eine der alle zum Lachen bringt oder der Eine der immer still in der Ecke sitzt. Diese Menschen unterscheiden sich alle durch verschiedene Charakteren und Persönlichkeiten. Warum ist es so, dass die Mehrheit der Menschen immer dieser einen Person folgen, obwohl der vielleicht gar nicht mal so gut aussieht oder besser ist als alle anderen?

Diese eine Person gibt den Menschen in seinem Umfeld irgendetwas, was sie anzieht; Sei es sie zum lachen zu bringen oder die besten „Hauspartys" zu schmeißen.

Ein erfolgreicher junger Unternehmer veröffentlichte einen Beitrag darüber, wie er es immer geschafft hat ein super Verhältnis zu seinen Kunden und Partnern aufzubauen. Jedes Meeting und jeder Event, den er mit seinen Partnern und Kunden hatte, hat er so gestaltet, dass es unvergesslich endete. Einmal sei er nach dem Abendessen mit seinen Partnern an die Strandpromenade gelaufen und hat da vier Rikscha Fahrer, für jede Person einen, aufgefordert ein Rennen zu veranstalten. Derjenige der als erstes am Ziel ankommt, bekommt die doppelte Gage.

Durch solche Aktionen hat er täglich seinen Kunden und Partnern ein unvergessliches Erlebnis in seiner Nähe geboten, welches dazu führte, dass er bei all seinen Partnern und Kunden bevorzugt wurde und ihn nie jemand verlassen hat.

Wenn du etwas von jemandem willst, weißt du also, dass du zuerst ebenfalls einen Wert für diese Person bringen musst. Es gibt jedoch noch einen Weg, wie man das ganze umkehren kann. Diese Technik funktioniert jedoch nur, wenn es um Gefallen bitten geht. Wenn du diese Technik verstehst wirst du schnell merken, dass man viele alltägliche Situationen in einen Gefallen umformulieren kann um somit diese Technik anzuwenden.

Der sogenannte Benjamin Franklin Effekt kann auf mehrere verschiedene Arten angewendet werden. Die „offizielle" Beschreibung dieses Effekts ist wie folgt; „Wenn du jemanden erfolgreich bittest dir einen Gefallen zu tun, wirkst du dadurch sympathischer und kannst in Zukunft größere Gefallen verlangen." Tatsächlich ist Benjamin Franklin damals auf diesen Effekt gestoßen und nannte es eine „alte Maxime".
Unser Unterbewusstsein durchläuft Prozesse, welche wir nicht steuern können und ebenfalls nicht wahrnehmen. Diese Prozesse finden in Sekundenschnelle statt. Wenn du also jemanden um einen Gefallen bittest, geht in diesem Moment bei dieser Person im Unterbewusstsein ein Prozess los und es fängt an zu evaluieren ob es jetzt den Gefallen ausführen soll oder nicht. Falls diese Person dir schon einmal irgendeine Art von Gefallen getan hat und du ihn nochmals um einen Gefallen bittest ist die Wahrscheinlichkeit höher, dass er den Gefallen ebenfalls tut. Der Grund dafür ist, weil er ja schon einmal für dich einen Gefallen getan hat, denkt sich das Unterbewusstsein, dass er dich wirklich mögen muss, weil er sonst keinen Gefallen für dich gemacht hätte. Somit findet dein Gegenüber dich automatisch sympathischer und die Wahrscheinlichkeit steigt von Mal zu Mal. Willst du also einer deiner Freunden um einen großen Gefallen bitten, so bitte ihn zuerst um einen kleineren Gefallen.

Dieses Phänomen ist auch tatsächlich bewiesen. Die beiden Wissenschaftler Jecker und Landy haben 1969 durch einen

Versuch dieses Phänomen bestätigt.

Nachdem die Versuchspersonen in einem Scheinexperiment einen ansehnlichen Geldbetrag gewonnen hatten, wurde ein Drittel von ihnen um Rückgabe des Geldes gebeten, wobei der Versuchsleiter sagte, sie täten ihnen damit einen persönlichen Gefallen.

Ein Drittel der Gruppe wurde von der Sekretärin gefragt, ob sie das Geld dem Forschungsetat des Instituts spenden wollten.

Der letzte Drittel, die Kontrollgruppe, wurde nicht um Rückgabe gebeten.

Anschließend bewertetetn alle Versuchspersonen den Versuchsleiter, wobei er bei der ersten Gruppe signifikant besser abschnitt, als bei den beiden anderen.

Menschen sind definitiv

das größte Kapital eines Unternehmens.

Es macht keinen Unterschied,

ob die Produkte,

beispielsweise Autos oder Kosmetik sind.

Ein Unternehmen ist nur so gut

wie die Menschen, welche es hält.

Mary Kay Ash

(1918-2001, amerikanische Unternehmerin und Gründerin von Mary Kay Cosmetics Inc)

Es ist dein erster Arbeitstag, du wirst von deinem Chef vorgestellt und lernst all deine neuen Kollegen kennen. Jedem einzelnen schüttelst du die Hand und schaust ihnen tief in die Augen. In diesem Moment hast du zwei Bedenken.
Erstens; Du weißt, du hast nur eine Chance dich allen vorzustellen und hoffst, dass du bei allen gut ankommst. Du fragst dich ob sie dich wohl mögen oder ob sie dich sympathisch finden.
Zweitens; Du hast wahrscheinlich schon wieder alle Namen vergessen und gerätst so in die erste Unsicherheit.
Dein Ziel; Du willst, dass möglichst alle in deinem neuen Team ein gutes Bild von dir haben und du möchtest möglichst mit allen ein gutes Verhältnis aufbauen können.

Normalerweise suchst du dir danach eine Person aus, welche dir sympathisch vorkommt und das ist dann auch meistens diese eine Person mit welcher du eine Freundschaft aufbauen wirst. Die restlichen Teammitglieder bleiben „Kollegen".
In einem solchen Fall beschränkt man sich auf eine Person oder eine kleine Gruppe von Personen und lässt damit den „Rest" aus. Dies ist nicht unbedingt negativ es ist vollkommen natürlich. Wenn du jedoch jemand bist der gerne wissen würde: „Wie schaffe ich es, dass das ganze Team von meinem Typ überzeugt ist?" oder „Wie kriege ich alle meine Kollegen dazu mir zu folgen?", dann wird das wohl eher nicht der richtige Weg sein.

Einige Menschen versuchen direkt von Anfang an alle Kollegen auf einmal zu beeindrucken, reißen vielleicht als erstes einen Witz oder reden in der Allgemeinheit. Das kann schnell in die falsche Richtung schießen. Falls dein Witz bei deinen Kollegen nicht ankommt, hast du direkt bei allen einen ersten peinlichen Eindruck hinterlassen. Wie schaffst du es nun auf eine sicherere Art und Weise deine Kollegen von dir zu überzeugen?
Dazu gibt es ein einfaches Sprichwort; Wie isst man am besten

einen Elefanten? -Stück für Stück.

Eine ganze Gruppe von Menschen auf einmal beeindrucken zu wollen ist eher schwierig und die wenigsten haben das Talent dazu. Der wohl weniger riskante Weg wäre, wenn man die Gruppe auseinandernimmt und jede Person einzeln von sich überzeugt. Wichtig ist bei dieser Vorgehensweise, dass man stets treu und ehrlich bleibt. Versuche nicht schlecht über andere zu reden und versuch möglichst schnell das Vertrauen jedes einzelnen zu gewinnen.

Hier ist es ebenfalls zu beachten, dass du deine Kollegen nicht gegenseitig eifersüchtig machst. Obwohl es manche Menschen nicht zugeben, Eifersucht fängt schon im Unterbewusstsein an. Wenn du also dabei bist jeden einzelnen kennen zu lernen und du dementsprechend dich auch mit den einzelnen Personen triffst, sprich nicht über die anderen Kollegen. Erzähle dem einen Kollege nicht, dass du dich gestern noch mit dem anderen Kollegen ebenfalls getroffen hast. lustige Wochenendgeschichten mit anderen Kollegen zu erzählen, ist deshalb eher abzuraten. Lasse jede einzelne Person sich einzigartig fühlen.

Du weißt jetzt also wie du mit einer Gruppe von Menschen umgehen musst. Versuche nie eine Gruppe von unbekannten Menschen auf einmal zu beeindrucken, außer du bist ein begabter Redner. Wenn du schlussendlich alle Tipps von diesem Buch zusammenfügst, wird es dir einfacher gelingen Menschen für dich zu überzeugen und auf deiner Seite zu behalten.

Erfolg ist die Fähigkeit,

von einem Misserfolg zum anderen zu gehen,

ohne seine Begeisterung zu verlieren.

Sir Winston Leonard Spencer-Churchill

(1874-1965, britischer Politiker und zweimaliger Premierminister von England)

Eine der größten Herausforderungen ist es, Personen die man neu kennen lernt schnell dazu zu bringen, dass sie einem vertrauen, oder dass sie in eine bestimmte Richtung gehen in der man sie haben will. Es gibt tausende verschiedene Verkaufstrainer und sonstige Ratgeber, welche behaupten sie haben die besten Tricks und Tipps zu diesem Thema. Nur leider, oder eben Gott sei Dank, sind alle Menschen unterschiedlich und es gibt keinen festen Weg wie man Menschen beeinflussen kann. Es gibt jedoch mehrere verschiedene Methoden, welche bei einem Teil der Menschen funktioniert und einem den Weg ein wenig erleichtert.

Sei es geschäftlich oder privat versuche die folgenden Methoden bei den verschiedensten Personen aus, analysiere jedes Gespräch und versuche daraus zu lernen.

Das wichtigste ist, dass du niemals aufhörst zu lernen. Aus jedem Gespräch kann man Erfahrungen herausziehen, achte dich darauf wie gewisse Personen auf gewisse Dinge reagieren. Erstelle dir ein eigenes Ordnungssystem im Kopf, in welchem du die verschiedenen Persönlichkeitstypen einordnest. Umso mehr Menschen mit denen du sprichst, umso voller wird dein Register und desto bessere Menschenkenntnisse erlernst du.

Eine der beliebtesten Methoden ist die sogenannte Mirroring Technik. Diese Technik wird oft bei Verkaufsgesprächen in Person verwendet. Man kann sie jedoch auch überall im Alltag verwenden, bei jedem Gespräch.

Beim Mirroring geht es darum, dass man sich selbst auf dieselbe Ebene stellt wie der Gegenüber. Somit vertraut der Gegenüber einem eher und man kann ihn gegen Ende des Gesprächs in eine gewünschte Richtung führen.

Mirroring kann man auf einer verbalen seelischen Art ausführen, sowie auf eine körperliche Art. Das körperliche Mirroring bedeutet, dass man sich körperlich immer spiegelverkehrt zum Gegenüber verhält. Hat der Gegenüber sein rechtes Bein über sein Linkes gelegt, so legst du ebenfalls dein rechtes Bein über dein Linkes.

Es mag verrückt klingen, aber im Unterbewusstsein des Gegenübers löst es eine gewisse Sicherheit aus. Das Unterbewusstsein des Gegenübers nimmt eine Gemeinsamkeit wahr und er fühlt sich so automatisch wohler.

Ähnlich funktioniert es auf dem Verbal-Seelischen-Weg.
Beginnt man ein Gespräch mit einer Person und man merkt die Person ist momentan auf einer anderen Wellenlänge, so passt man sich ihr an.

Du findest nach kürzester Zeit raus, dass dein Gegenüber wohl einen schlechten Tag hatte und es ihm nicht so gut geht. Schnell reagierst du und du begibst dich auf seine Ebene runter. Du verstehst wie er sich fühlt, denn du hast ebenfalls solche Tage. Der Gegenüber muss sich, in seiner aktuellen Situation, mit dir identifizieren können.

Mit der Zeit kannst du dann langsam versuchen die Stimmung zu heben und nimmst ihn somit seelisch an der Hand und führst ihn in eine gewünschte Richtung.

Schnell merkst du ob er mit in deine Richtung geht oder nicht. Falls nicht, dann fängst du wieder von vorne an und versuchst es erneut.

Durch das, dass dein Gegenüber sich in deiner Nähe geborgen fühlt, vertraut er dir und wird dir eher in deine Richtung folgen. Beim Mirroring geht es nur darum Vertrauen aufzubauen. Man gibt dem Gegenüber körperliche und seelische Gemeinsamkeiten und somit wird einem schneller vertraut.

Versuchen, versuchen, und nochmals versuchen…

das ist die Regel, welche zu beachten ist,

um ein Experte für jedes Beliebige zu werden.

W. Clement Stone

(1902-2002, Geschäftsmann und Autor)

Wenn es um das Thema Verkaufen geht drehen die meisten Menschen einem den Rücken zu.

Einer der beliebtesten Aussagen: „Ich kann nicht verkaufen und will kein Verkäufer sein. Es ist eine Unverschämtheit schwachen Menschen etwas anzudrehen, was sie eigentlich nicht wollen."

Diese Aussage ist einfach nur schwachsinnig. Im Leben geht es nur um das verkaufen oder verkauft werden. Tagtäglich werden wir alle verkauft und wir alle verkaufen. Einige Menschen verkaufen mehr und andere kaufen mehr. Das verkaufen ist zum Beispiel der wichtigste Bestandteil eines Firmenaufbaus. Werden keine Produkte oder Dienstleistungen verkauft, so funktioniert die Firma nicht.

Einfach ausgedrückt, wer mehr verkauft ist ein Gewinner. Täglich befinden wir uns in Situationen an denen wir verkaufen müssen oder eben verkauft werden. Ein kleines Beispiel: Du triffst dich mit drei Freunden und ihr besprecht in welche Disco ihr heute wollt. Jeder deiner Freunde will in eine andere Disco, in welche geht ihr nun? Derjenige der „seine" Disco am besten verkauft, hat gewonnen.

Wer nicht lernt zu verkaufen, wird sein Leben lang im Hintergrund stehen und sich fragen warum es allen anderen besser geht.

Verkaufen muss nicht unbedingt schlecht sein, ganz und gar nicht, denn in den meisten Fällen ist es sogar sehr gut. Im Prinzip gibt es zwei verschiedene Arten von Verkäufern.

Es gibt sogenannte „schlechte" oder „böse" Verkäufer. Bei dieser Art von Verkäufern geht es nur um den einen Abschluss. Sie interessieren sich nicht über das Wohlergehen des Kunden, sondern wollen einfach nur gewinnen. Solche Verkäufe findet man heutzutage meist nur noch in illegalen Geschäfte vor. Diese Art von Verkauf ist nicht mehr sehr beliebt, weil es nicht langfristig ist. Als guter Verkäufer verdient man vielleicht schnell viel Geld aber langfristig hält es auf keinen Fall. Wer einmal über den Tisch gezogen wurde, oder wem einmal etwas Schlechtes verkauft wurde, der wird sich niemals mehr von derselben Firma oder selben Person verkaufen lassen. Noch schlimmer, diese Person wird ganz bestimmt seine Familie und Freunde vor dir warnen.

Das wäre eher nicht so gut, denn rein theoretisch hätte man dann „nur" 8 Milliarden potenzielle Kunden weltweit. Sind diese aufgebraucht, so wird es ganz bestimmt keine weitere mehr geben.

Der zweite Verkäufer ist der „gute" Verkäufer. Er kümmert sich um seine Kunden, ist ehrlich und bemüht sich darum die perfekte Lösung für den Kunden zu finden. Für ihn ist der Kunde das wichtigste. Wer diese Art von verkaufen beherrscht, baut sich ein viel stabileres, schneller wachsendes und längerfristiges Geschäft auf. Denn sind seine Kunden glücklich, so kaufen sie bestimmt wieder beim selben Verkäufer ein und sie erzählen es bestimmt weiter. Somit entsteht ein exponentielles Wachstum.

Also, du weißt nun, dass verkaufen nichts Schlechtes ist. Ganz im Gegenteil, es ist was Gutes, denn du hilfst dem Kunden. Das nächste was du wissen musst, ist folgendes: 95% der Menschen kaufen emotional ein und verteidigen ihren Kauf rational. Das bedeutet für dich als Verkäufer, dass du es beeinflussen kannst. Emotionen lassen sich beeinflussen. Nutzt du dein Können um die Emotionen deines Kunden zu beeinflussen, so kauft er dein Produkt eher ab.

Nun kommt die Frage auf; „Wie kann ich jemanden beeinflussen?"
Hierzu gibt es wieder hunderte verschiedene Tipps und Tricks von den verschiedensten Ratgebern. Du wirst hier einige der wichtigsten und allgemeinsten Tricks lernen, welche du überall im Alltag anwenden kannst.

Das wichtigste beim Verkaufen ist, dass der Kunde immer mehr spricht als du. Lasse den Kunden reden und höre ihm ganz genau zu. Denn alles was er dir erzählt, kannst du verwenden. Versuche immer Fragen zu stellen und wenige Aussagen zu treffen.

4.1 Moor Down

Die erste Fragestellung welche du lernen wirst, ist die sogenannte „Moor Down" Fragestellung.
Diese Art von Fragen führt den Kunden dazu eine „Ja Antwort" zu geben. Es ist wichtig, dass sich der Kunde im Gespräch daran gewöhnt „Ja" zu sagen. Hier einige Beispielfragen:
„Das Wetter ist schön heute, **ist es nicht**? ..."
„Ich finde das eine hervorragende Idee, **oder**? ..."
„Dieses Gerät ist sehr leicht zu handhaben, **finden Sie nicht**? ..."
Mit solchen Fragestellungen zwingst du den Kunden fast dazu dir zuzustimmen.
Es ist wichtig, dass man diese Art von Fragestellung nicht zu oft in einem Gespräch verwendet. Sei vorsichtig damit.

4.2 Equivalent of Choice

Die zweite Fragestellung ist die sogenannte „Equivalent of Choice". Es ist eine Frage mit zwei Antworten. Egal welche Antwort der Kunde wählt, du kriegst was du willst. Hier ein Beispiel:
Ein Kind geht mit dem Papa einkaufen. Das Kind will unbedingt ein Eis und fragt den Papa ganz lieb: „Papa, darf ich ein Eis haben?". Papa antwortet mit nein. Das Kind überdenkt sich seine Fragestellung und das nächste Mal wählt es die Equivalent of Choice Fragestellung. „Papa, welches Eis darf ich haben; Das Schokoladeneis oder das Vanilleeis?". Egal welche von den beiden Antworten Papa auswählt, das Kind kriegt was es will.
Ein zweites Beispiel:
„Lieber Kunde, wann passt es Ihnen besser für unser nächstes Meeting, morgen Vormittag oder morgen Nachmittag?"

Diese Art von Fragestellung kann überall im Alltag verwendet werden und wirkt manchmal wahre Wunder!

Die dritte Fragestellung nennt sich die „Stachelschwein" Fragestellung. Um den Namen zu verstehen, musst du dir vorstellen dir wird ein Stachelschwein zugeworfen. Im Normalfall wirfst du es schnell wieder zurück und genau das ist es, was diese Technik ausmacht. Diese Fragestellung wird eher im Closing-Teil eines Gesprächs verwendet. Stellt der Kunde eine Frage, so stellt man eine Gegenfrage. Zum Beispiel in einem Kleiderladen. Der Kunde fragt die Angestellte „Haben sie dieses T-Shirt in blau?" jetzt wäre die richtige Antwort; „Hätten Sie denn gerne dieses Shirt in blau?". Solche Gegenfragen mögen sich zu Beginn vielleicht etwas unsinnig anhören, aber werden sie im richtigen Moment eingesetzt, so zeigen sie ihre Wirkung.
Ein Zweites Szenario: Ein Ehepaar besichtigt zusammen mit dem Immobilienmakler ein Haus. Im Garten steht eine Kinderschaukel. Die Ehefrau ist beeindruckt von der Kinderschaukel und fragt den Makler ob diese Kinderschaukel, bei dem Kauf des Hauses, inbegriffen sei. Der Makler antwortet ganz einfach: „Liebe Ehefrau, denken sie denn, dass ihre Kinder daran Spaß haben würden?" Auf diese Frage wird die Ehefrau mit „Ja" antworten und somit hat sie schon indirekt Ja zum Kauf des Hauses gesagt.

Jedoch geht es beim verkaufen nicht nur darum Fragen zu stellen, sondern es spielen noch einige Faktoren mehr mit. Themen wie zum Beispiel: Wo sollten wir das Meeting durchführen, wann ist die sinnvollste Zeit oder wie ist der Dresscode.

Was Menschen emotional empfinden, wie gerade ihr Tag abläuft oder wo sie gerade sind, kann ihre Entscheidung drastisch beeinflussen. Deshalb ist es wichtig, dass du dich vor jedem

Treffen aufs Beste vorbereitest. Je besser du dich vorbereitest desto bessere Chancen hast du. Eine gute Vorbereitung macht schon mindestens die Hälfte aus.

Wir haben heutzutage alle Tools der Welt um uns perfekt über alle möglichen Menschen und Firmen in Sekundenschnelle zu informieren. Nutze dies auch, versuche alles über diese Person heraus zu finden. Interessen, Hobbies, Wohnorte, Sprachen und noch vieles mehr. Alle diese Informationen helfen dir die Person besser einschätzen zu können und natürlich hast du dann einen großen Vorteil.

Bei einem Verkaufsgespräch oder einem allgemeinen Treffen, ist es wichtig, dass du einen Plan hast. Der wichtigste Punkt ist, dass du dir Wissen aneignest. Wissen über alles was aufkommen könnte. Das ist auch gleich schon der erste Teil des Gesprächs. Wissen über die Person anzueignen. Versuche die Person so gut wie möglich zu verstehen, denn Wissen ist Macht. Bevor du aber zu diesem Teil kommst, sollte die Vorbereitung stimmen.

4.4.1 Ort

Zum ersten Punkt, wo sollte das Treffen stattfinden? Menschen reagieren unterbewusst unterschiedlich auf verschiedene Orte. An einigen Orten fühlen sich gewisse Menschen sicherer und manche eben nicht. Wichtig ist also, wenn du ein Verkaufsgespräch führst, dass dein Kandidat einen Ort aussuchen darf. Somit sucht er automatisch einen Ort aus, den er meistens schon kennt und sich somit auch schon einiges wohler fühlt.

4.4.2 Umfeld

Genauso interessant wie der richtige Ort, sind ebenfalls die richtigen Menschen im Umfeld. Achte dich darauf, dass die richtigen Menschen im Umfeld sind, wenn du dein Treffen durchführst. Natürlich ist das eher schwer zu beeinflussen, aber es geht. Wenn du zum Beispiel das Treffen in deinem Büro durchführst, sorge dafür, dass in dem Moment die richtigen Leute euch über den Weg laufen. Leute die vielleicht eine Vorbilds Rolle für den Klienten sein könnten.

4.4.3 Zeit

Nun zum Zeitpunkt, du solltest für das Treffen einen Zeitpunkt auswählen, an dem du denkst, dass sich der Kunde am wohlsten fühlt. Wenn der Klient zum Beispiel erst gerade vom Urlaub zurückgekommen ist, solltest du vielleicht das Treffen nicht gleich danach durchführen, denn er wird höchstwahrscheinlich sehr gestresst sein, da noch einiges an Arbeit auf dem Tisch liegt. Vielleicht kannst du anhand von seinen Interessen herausfinden ob der Klient eher ein Morgen- oder Abendmensch ist.

Versuche dich bei all diesen Punkten möglichst gut in die Rolle des Klienten hineinzuversetzen. Frage dich selbst, wann wäre bei mir der beste Zeitpunkt um ein Treffen durch zu führen, oder wo?

4.5 Die Richtige Formulierung

Wenn das Gespräch soweit kommt, dass du dem Klienten Fakten und Zahlen vorlegen darfst, achte gut darauf, dass die richtig formuliert sind.
Zum Beispiel: Die Sterberate bei Operation A ist 20%. Das wäre eher eine schlechte Formulierung. Besser wäre: Die Überlebenschance bei Operation B ist 80%.
Achte dich immer darauf positiv zu reden, auch wenn es schlechte Zahlen oder schlechte Informationen sind, auch die kann man umformulieren und von einer positiven Perspektive ansehen.

4.6 Die Ängste

Im Verkauf kommt es oft vor, dass der Kunde schon vorprogrammierte Ängste hat. Ängste welche der Kunde bereits im Laufe des Lebens aufgesammelt hat. Wahrscheinlich durch schlechte Erfahrungen, oder schlechten Erzählungen, von Freunden und Verwandten. Diese Ängste musst du als Verkäufer den Kunden entnehmen.

Menschen zu beeinflussen ohne jegliches Mitgefühl ist nicht möglich. Zeige also während dem Gespräch, dass du dich wirklich für ihn interessierst. Versuche auch eigene Beispiele aus deinem eigenen Leben einzubringen.

Resistenz, Ablehnung und Zurückhaltung sind ganz normale Verhaltensweisen, welche beim Klienten auftauchen könnten. Du kannst dem jedoch gezielt entgegenwirken, indem du vielleicht einige Peinlichkeiten von dir erzählst oder vielleicht gezielt einen Fehler machst oder dir gezielt eine Peinlichkeit geschieht.

4.6.1 Angst vor dir

Die erste Angst des Kunden ist die Angst vor dir. Wir Menschen besitzen gerne Dinge im Leben, haben jedoch Angst Dinge verkauft zu bekommen. Deine erste und wichtigste Aufgabe ist es also, dein Gegenüber davon zu überzeugen, dass du ihm nichts verkaufen willst, sondern ihn eher gut beraten möchtest.

4.6.2 Angst vor Fehlern

Die zweite und ebenfalls sehr häufige Angst vieler Menschen, ist die Angst einen Fehler zu machen. Die Angst etwas zu kaufen oder eine Entscheidung zu treffen, welche sie in Zukunft bereuen werden. Hier ist es also wichtig, dass du dem Kunden möglichst viel Angst entnehmen kannst. Sei es, dass du ihm eine Garantie auf dein Produkt gibst oder eine andere Möglichkeit den „Fehler" zu beheben. Kriegst du den Kunden nun soweit, dass er sich denkt „Ach was solls, ich habe ja nichts zu verlieren", so hast du ihn in der Tasche.

Ein wichtiger Punkt ist ebenfalls, dass du den Klienten, in Gedanken, schon in den Besitz deines Produktes führst. Nimm den Klienten auf eine Zeitreise und formuliere deine Sätze so, als wäre der Kunde bereits im Besitz des Produktes. Mach ihm Beispiele, was geschehen wird oder was passieren kann. Erzähle ihm Erfolgsgeschichten von anderen Kunden, welche bereits schon im Besitz des Produktes sind. Somit hat der Klient ebenfalls weniger Hemmungen, da er sich dann nicht mehr alleine fühlt. Wenn sich der Kunde schon Gedanken macht, wie es ist im Besitz des Produktes zu sein und es dem Kunden natürlich gefällt, so fängt er automatisch an Pläne zu machen, was er damit nun machen könnte oder wie es sein wird. Nun hat sich der Klient schon eine schönere Welt ausgemalt und will nur ungerne wieder zurück.

4.6.3 Angst vor Lügen

Die dritte Angst ist die Angst angelogen zu werden. Jeder von uns hat bisher mindestens einmal die Erfahrung gemacht, dass wir angelogen wurden. Immer wieder kommt es vor, dass Verkäufer die Kunden anlügen und ihnen Dinge versprechen, welche nicht der Wahrheit entsprechen. Also auch hier ist es wichtig, dass du von Anfang an ehrlich zum Kunden bist. Es ist gar nicht schlecht die eigenen Schwächen dem Kunden zu präsentieren, von selbst aus dem Kunden verraten wo du schlechter bist als die Konkurrenz. Es wirft vielleicht dein Produkt in ein wenig schlechteres Licht, aber es wirft dich in ein einiges besseres Licht und da du dann in einem besseren Licht stehst, ist es wiederum einfach diesen negativen Punkt wieder gut zu machen.

4.6.4 Falsche Wörter

Die vierte Angst, ist die Angst welche gewisse Wörter die du sagst, beim Kunden auslösen. Jedes Wort welches du sagst hat entweder einen positiven oder einen negativen Einfluss auf Ihn. Wörter welche du niemals erwähnen solltest, sind: „Kosten" oder „Preis". Sobald du diese Wörter erwähnst, geht beim Kunden im Unterbewusstsein automatisch der Gedanke hoch es sei zu teuer oder er müsse weitere Angebote vergleichen. Es muss nicht unbedingt sein, dass dein Produkt überteuert ist, es ist jedoch eine automatische Reaktion, denn meistens im Leben, wenn es um den Preis geht, ist der zu hoch. Am besten ersetzt du diese beiden Wörter mit dem Wort „Investition".

Ein weiteres Wort, welches du unbedingt vermeiden solltest ist das Wort „Vertrag". Uns allen wurde seit klein auf von unseren Eltern eingetrichtert, wir sollen vorsichtig sein mit Verträgen. Ein Vertrag ist bindend und viele Menschen erschrecken sich ab diesem Wort.
Besser wäre, wenn du anstelle von „Vertrag" das Wort „Vereinbarung" verwenden würdest.

Ein weiteres, kleines aber sehr beängstigendes Wort ist das Wort „kaufen". Genau dieses Wort löst das aus, was der Kunde ja ursprünglich nicht machen wollte. Häufig gehen Kunden an Beratungsgespräche und nehmen sich vor nichts zu kaufen. Sobald du also das Wort kaufen erwähnst, geht beim Kunden ein automatisches Schutzschild auf und er entfernt sich vom Kauf. Eine bessere Alternative zum Wort „kaufen" wäre zum Beispiel „besitzen". Wie du schon weißt, besitzen die meisten Menschen sehr gerne. Erwähnst du also das Wort besitzen, so stellt sich der Kunde automatisch vor wie er im Besitz des Produktes ist.

Ein ebenfalls sehr wichtiger Punkt ist, dass du alle Gesprächsteilhaber immer auf ein Podest stellst. Umrahme nie eine schlechte Entscheidung oder eine schlechte Aussage eines Anwesenden. Komplimentierst du einen der Anwesenden, so fühlt er sich selbstsichererer und stolzer, somit trifft er eher eine riskantere Entscheidung als sonst, da er voller Selbstsicherheit steckt.

Das Ganze kann man auch umgekehrt anwenden. Eine sehr wirksame Methode den Kunden eher dazu zu bringen dir bei einer wichtigen Entscheidung zuzustimmen ist, wenn du schon im Voraus dem Kunden angewöhnst dir zuzustimmen. Mit einfachen und simplen Aussagen, zum Beispiel über Themen bei welchen du ein überdurchschnittliches Wissen besitzt. Gewöhne deinem Gegenüber langsam an, dir Recht zu geben. Über das ganze Gespräch hinaus bringst du immer wieder Aussagen, Zitate und Fakten, welche im besten Fall der Kunde nicht kannte, um ihn dazu zu bringen dir zuzustimmen.

4.7 SPIN

Die SPIN Methode ist durch die Beobachtung und Auswertung von über 36'000 Verkaufsgesprächen entstanden. Insgesamt wurden über 40 Millionen US Dollars in diese Studie investiert. Schon 1988 hat Neil Rackham mit der Studie begonnen und mittlerweile zählt sie zu den berühmtesten und am meisten verbreiteten Verkaufstechniken weltweit.
Die SPIN Technik ist eine Art systematischer Fragetechnik, welche verschiedene Fragetechniken für verschiedene Situationen in eher komplexeren Verkäufen darstellt.
SPIN Steht für Situation, Problem, Implikation und Need.
Das Ziel dieser Fragetechniken ist es, dem Verkäufer eine bessere Einsicht in die aktuelle Situation des Kunden zu verschaffen, um ihm somit die bestmögliche Lösung verkaufen zu können. Durch das stellen verschiedener Fragen, machst du dem Kunden klar, dass er dein Produkt braucht, ohne dass du ihm dies Direkt sagen musst. Das Ziel ist es, dass der Kunde durch das antworten dieser Fragen selber weiß, dass er dein Produkt braucht.
Nutze die Spin Fragen andauernd während deinem Verkaufsprozess. Merkst du, dass der Kunde eher negativ wird und die ganze Vorteile deiner Produkte vergisst, so stellst du ihm wieder Need Fragen. Merkst du, dem Kunden ist nicht mehr so richtig bewusst was sein Problem für Auswirkungen auf sein Unternehmen hat, so stellst du weitere Implikations Fragen. Diese Technik muss nicht nur im klassischen Verkauf verwendet werden, du kannst sie genauso gut für den Alltag anpassen.

4.7.1 Situation

Die Situation Fragen sind immer Offene Fragen. Also Fragen wie zum Beispiel: „Wie sind Sie zufrieden mit ihrer IT im Moment?". Das Ziel dieser Fragen ist, dass du dir ein besseres Bild über die aktuelle Situation des Kunden machen kannst. Durch diese Fragen findest du heraus, wo sich möglicherweise eine Möglichkeit beim Kunden gibt, dein Produkt zu platzieren. Hier ist zu beachten, dass du nicht zu viele Situationsfragen stellst, denn dies kann schnell zu einer Art von „Interview Stimmung" führen und der Kunde hat meisten keine Zeit dafür. Ebenfalls ist hier zu beachten, dass der Kunde meistens nicht gerne Informationen über seine Firma freigibt, auch wenn dies keine vertraulichen Informationen sind. DU musst also dem Kunden immer erklären warum du das wissen willst oder ihm deinen Grund geben warum er dir die Informationen geben soll. Dieser Grund gibst du dem Kunden ganz am Anfang beim ersten Telefonat. Das können verschiedene Gründe sein, wie zum Beispiel, wenn du dem Kunden klarmachst, dass er durch dich billiger an die Produkte kommt.

4.7.2 Problem

Problemfragen werden gebraucht um heraus zu finden wo der Kunde Schwierigkeiten hat, oder wo es noch Verbesserungspotential gibt. Ein Beispiel für eine Problemfrage wäre also: „Wie sieht es denn bei Ihnen aus in Bezug auf die Startgeschwindigkeit ihrer Computer in ihrem Unternehmen?" Die Antwort auf diese Frage ist dann eher positiv oder negativ. Der Kunde kann sagen die Startgeschwindigkeit sei schnell genug, dann gehst du einfach weiter zur nächsten Problemfrage oder du triffst eine Aussage wie zum Beispiel:" Das hört sich ja super an, naja das Gute ist, dass ein Computer nie schnell genug starten kann, stimmt?" Wenn der Kunde auf diese Frage mit „Ja" antwortet hast du schon deine erste Gelegenheit. Der Kunde kann ebenfalls sagen, dass es da noch verbesserungspotential gäbe und somit hast du schon einen Punkt wo du ihm eine Lösung anbieten könntest.

4.7.3 Implikation

Implikationsfragen werden oft vernachlässigt obwohl sie ebenfalls ein sehr wichtiger Teil des Prozesses sind. Hier ist es wo viele Verkäufer scheitern, weil sie der Meinung sind, diese Fragen bringen nichts. Jedoch haben die langen Forschungen gezeigt, dass es sich doch lohnt diese Fragen zu stellen. Das Ziel von Implikationsfragen ist, dem Kunden bewusst zu machen, dass das Problem doch schlimmer sei als er dachte. Dies erreicht man, indem man den Kunden fragt was die Auswirkungen seien, wenn das Problem nicht behoben werden würde.
In unserem Beispiel wäre eine korrekte Fragestellung also: „Wenn also jeder Computer bei ihnen im Buero eine Minute lang braucht um auf zu starten, könnte das sich als ein großer Nachteil herausstellen?" oder noch besser wäre, wenn man die Frage on offen gestaltet: „Wenn also jeder Computer bei Ihnen im Buero eine Minute braucht um auf zu starten, was hätte das für Auswirkungen auf Ihr Unternehmen?"
Um diese Fragen zu beantworten muss sich der Kunde damit beschäftigen, was wirklich geschehen könnte. Oft wissen die Kunden, dass dieses eine Problem nicht gut ist, aber Ihnen ist nicht bewusst was er wirklich für Auswirkungen haben könnte. In unserem Beispiel würde der Kunde dann realisieren, dass wenn alle seine 50 Mitarbeiter eine Minute am Tag verschwenden, weil sie auf den Computer warten müssen, er somit insgesamt 50 Minuten Arbeit am Tag verliert. Das Ziel ist es den Kunden noch weiter in die Zukunft zu versetzten, ihm also klarmachen, dass das bei einem Durchschnitts Stundenlohn, rund 12 Euro am Tag sind, was 2880 Euro im Jahr sind, welche er sich sparen könnte.

4.7.4 Need Pay off

Die Need Fragen werden am Schluss benutzt und sind genauso wichtig wie die Implikations-Fragen. Durch diese Fragestellung versetzt du den Kunden bereits in den Besitzt des Produktes. Das Ziel ist also die Fragen so zu stellen, dass der Kunde sich im Besitzt des Produktes vorstellt und somit erkennt was das alles für positive Auswirkungen auf sein Unternehmen haben kann. Hier ist ebenfalls wichtig, dass du keine geschlossenen Fragen stellst. Lasse den Kunden von den positiven Punkten sprechen, je mehr desto besser. Hierzu passende Fragestellungen wären also: „Was hätte das für Auswirkungen auf Ihr Unternehmen, wenn jeder ihrer Computer eine Minute schneller startet?" Die Antwort welche der Kunde dir auf diese Fragen gibt, sind ebenfalls sehr essentiell für die anschließende Einwands-Vorbeugung. Merke dir also ganz genau alle positiven Punkten welche der Kunde erwähnt, widerhole diese Punkte mehrmals im Gespräch.

Eine dauerhafte Geschäftsbeziehung

basiert auf Freundschaft.

Alfred A. Montapert

(* 1906, amerikanischer Schriftsteller und Philosoph)

In diesem Kapitel geht es schon eher näher an den ganzen NLP (Neurolinguistische Programmierung) Sektor. NLP wird heutzutage überall verwendet, sei es von unseren Vorgesetzten oder in täglicher Werbung. NLP bedeutet in Fachsprache so viel wie: " *Neuro Linguistisches Programmieren soll ausdrücken, dass Vorgänge im Gehirn mit Hilfe von Sprache auf Basis systematischer Handlungsanweisungen änderbar sind.*" In anderen Worten ausgedrückt bedeutet es, dass man durch das anwenden von NLP Techniken Vorgänge und Vorhaben des Menschen beeinflussen und steuern kann. Die eingebettete Anweisung ist nur ein kleiner Abschnitt des NLP's. Es gibt mittlerweile Experten, welche wortwörtlich in der Lage dazu sind, das Vorhaben eines Menschen innerhalb von wenigen Minuten komplett zu verändern, ohne dass es der Mensch merkt und im Nachhinein auch noch vollkommen von seinem neuen Vorhaben überzeugt ist. Das sind jedoch sehr extreme Beispiele und dies kann man nicht mit allen Menschen und auch nur unter sehr guter örtlicher und psychischer Vorbereitung erreichen.

Eine eingebettete Anweisung ist, wie es der Titel schon sagt, schlicht und einfach eine Anweisung, welche in eine Frage oder eine Aussage eingebettet ist. Diese eingebettete Anweisung gibt dem Unterbewusstsein des Empfängers eine Anweisung etwas Spezifisches zu unternehmen oder etwas Spezifisches zu denken. Eine eingebettete Anweisung wird in einem Gespräch mehrere Male erwähnt und meist kommen auch mehrere eingebettete Anweisungen in einem Gespräch vor.
Die eingebettete Anweisung ist eine Technik, welche viel Übung braucht und am Anfang ohne richtige Vorbereitung nur schwer realisierbar ist. Hier spielen viele verschiedene Faktoren eine große Rolle, wie zum Beispiel: Stimmlage, rede Geschwindigkeit und Pausen zwischen Wörtern und Sätzen.

Vor einem Gespräch musst du dir klar machen was du genau von dem Gegenüber haben willst, beziehungsweise was es ist, was du willst und was er tun muss. Wenn also beispielsweise dein Ziel ist, dass diese Person mit zu dir in ein Restaurant kommt, bereitest du dir mehrere Aussagen und Sätze vor, welche die versteckte Anweisung drin haben, dass diese Person mit dir in ein Restaurant kommen soll. Meistens befinden sich eingebettete Befehle in Fragesätzen, somit fallen sie nicht auf und es wirkt einladender.

Ein einfaches Beispiel von einer Eingebetteter Anweisung ist folgendes: „Was hältst du davon mit mir in ein Restaurant zu gehen um was Leckeres zu essen?" Die eingebettete Anweisung in diesem Satz wäre also „Mit mir in ein Restaurant gehen" oder eben „Komm mit mir in ein Restaurant". Nun bereitest du dir mehrere solche Sätze vor: „Falls du Hunger hast, kannst du gerne **mit mir**, **in ein Restaurant**, essen **gehen** kommen. Der Satz muss nicht einmal direkt darauf hinweisen, dass du willst, dass diese Person mit dir ins Restaurant kommt. Er muss schlicht und einfach die Anweisung „**Gehen ins Restaurant**" in irgendeiner Form drin haben. Die Anweisungen müssen dann mit der richtigen Tonlage oder den richtigen Gesten unterstrichen werden. Also zum Beispiel; „Was hältst du davon, (Sprechpause und andere Tonlage) mit mir in ein Restaurant zu gehen (Sprechpause und zurück in die Vorherige Tonlage) um was Leckeres zu essen?"?" Du betonst die Anweisung also mit Sprechpausen, verschiedenen Tonlagen und Gestiken. Wenn du nun mehrere solche Sätze mehrmals erwähnst und ebenfalls alles richtig machst, wird sich die Anweisung in das Unterbewusstsein des Gegenübers drängen und ihn auffordern isn Restaurant zu gehen, ohne dass du ihm eine direkte Anweisung gibst.

Noch viel wichtiger als die Sprechpausen und Betonungen der Anweisung ist die allgemeine Betonung des Satzes. Die Aussage oder die Frage im Ganzen darf auf keinen Fall verzweifelt oder unsicher rüberkommen. Der Satz muss voll selbstbewusst und in einer angenehmen selbstbewussten und einladenden Stimme gesagt werden.

Nun also zu einem gesamten Beispiel wie sich mehrere eingebettete Anweisungen anhören: „Also lassen Sie mich eine Frage stellen; Wenn wir zusammenkommen und alles gut aussieht und du **dich sicher fühlst**, dass ich der richtige bin um Ihr **Grundstück zu verkaufen**, planen Sie **mich einzustellen**, wenn wir zusammenkommen?" In diesem Beispiel sind nun drei verschiedene versteckte Anweisungen. Dein Ziel des Gespräches ist also im Großen und Ganzen, dass der Gegenüber sich sicher fühlt, sich dazu entscheidet das Grundstück zu verkaufen und dich einstellt. Jede der Anweisung wird anders betont und hebt sich von der Frage ab. Nun stellst du im weiteren Verlauf des Gesprächs weiterhin Fragen mit diesen Anweisungen drin. Du stellst so lange solche Fragen oder triffst Aussagen, bis du eine Veränderung im Verhalten des Gegenübers entdeckst.

5.1 Negative Anweisungen

Die sogenannten negativen Anweisungen zeigen sich ebenfalls als sehr wirksam. Bei einer negativen Anweisung wird im Satz die Anweisung verneint, also logisch gesehen wird dem Mensch gesagt, dass er das eben NICHT tun soll. Jedoch ist unser Gehirn so aufgebaut, dass wir das Wort „nicht" nicht verarbeiten können. Dazu gibt es ein einfaches Beispiel, denke nicht an einen blauen Elefanten! Ob du es willst oder nicht, schon denkst du an einen blauen Elefanten, obwohl dir klar und deutlich gesagt wurde, du sollst es nicht tun. Wenn du jetzt also das Ganze in die Praxis umsetzt, sieht es folgendermaßen aus: „**Konzentriere dich** nicht **auf die Vorteile dieses Buches** und was es dir bringen könnte…" Wenn du bei diesem Satz jetzt also das „nicht" streichst, siehst du das da ein versteckter Befehl drin ist. Das Buch hat seinen Vorteil und wird dir was bringen.

5.2 Zitate

Neben der eingebetteten Anweisung gibt es auch weitere Möglichkeiten, wie man diese „Codes" beziehungsweise Befehle in Sätzen verstecken kann. Der beste Weg einem Menschen einen Fakt einzuprägen, ist, wenn man den Fakt an sich in ein Zitat verpackt. Zitate wirken auf Menschen immer korrekt, wenn es ein Zitat ist, dann muss es wohl stimmen. Das ist natürlich logisch gesehen reiner Schwachsinn, jedoch unser Unterbewusstsein sieht das ganz anders. Nun gibt es ja nicht zu all deinen Fakten, welche du dem Kunden klarmachen willst, Zitate. Wie kannst du also ein einfachen Fakt, wie zum Beispiel: „Unsere Staubsauger sind zwar teurer als die meisten anderen, dementsprechend saugen sie aber auch einiges besser." Wenn du nun diese Tatsache dem Kunden wirklich einprägen willst, formst du es in ein Zitat von einer Drittperson um. Hie ein Beispiel: „Unser Gründer und somit auch Staubsauger Revolutionär meinte immer: „Was bringt denn ein Sauger, der nicht saugen kann, somit bin ich nur ewig dran." Mit diesem Zitat hast du dem Kunden eingeprägt, dass wenn er nicht diesen Staubsauger nicht kauft, er nur noch mehr Aufwand haben wird. Die Tatsache das es in einem Zitat verpackt ist, löst beim Kunden eine gewisse Sicherheit aus, welche sagt, dass wenn schon der Staubsauger Revolutionär damals gesagt hat es lohnt sich mehr Geld für einen Staubsauger auszugeben, dann muss es wohl stimmen.

Wenn du sie nicht überzeugen kannst, verwirre sie.

Harry S Truman

(1884-1972, 33. Präsident der Vereinigten Staaten, 1945-1953)

6. Verhandeln

Wer kennt es nicht, man ist im Urlaub irgendwo an der Strandpromenade und da kommen schon die ersten Sonnenbrillen-, Handtaschen- und Tuch Verkäufer auf einen zu. Jetzt ist Verhandlungsgeschick gefragt, einige Menschen sind darin sehr gut und kriegen die Handtasche für einen unschlagbaren Preis. Manche wiederum fallen geradeaus in die Falle hinein und zahlen viel zu viel. Manche Verkäufer verfügen über ein sehr gutes Verhandlungsgeschick und meistens realisieren wir das erst nach dem wir verkauft wurden. Hier findest du einige Tipps wie du in Zukunft Verhandlungen gewinnen kannst, sei es eine Lohnverhandlung, eine Kaufverhandlung oder eine Verkaufsverhandlung.

6.1 Die Ersten 5 Minuten

Laut einer veröffentlichten Studie der Journal of Applied Sciences sind die ersten 5 Minuten, bei einer Verhandlung, die wichtigsten. Denn die ersten 5 Minuten sagen mehrheitlich aus, wie die Verhandlung ausgehen wird. Die Studie besagt, dass in diesen ersten 5 Minuten „Mirroring" sehr entscheidend sei. Versuche also alles was du über Mirroring weißt, in fünf Minuten anzuwenden. Versetz dich in die Lage des Gegenübers, verstehe Ihn, stimme ihm zu und zieh ihn langsam in deine Richtung.

6.2 Ankern

Als wir alle Kinder waren haben wir diesen Trick fast täglich angewendet. Der kleine Junge will heute Abend länger draußen spielen und erhofft, dass seine Eltern heute verhandlungsbereit sind. Die Eltern fragen den Jungen, bis wann er sich den vorgestellt hatte, heute draußen bleiben zu dürfen. Der Junge holt weit aus und antwortet, statt mit seinem üblichem 20Uhr

Einstieg, diesmal gleich mit 23Uhr. Der Junge weiß natürlich, dass er diese Uhrzeit niemals genehmigt bekommen würde. Er weiß aber auch, dass wenn er den Einstieg höher legt, es dann für die Eltern nach einer höheren Herunterstufung klingt, wenn sie zum Beispiel 21Uhr als Gegenangebot bringen, als wenn er mit einem Einstieg von 22Uhr angefangen hätte.

Dieser Tipp ist wohl einer der wichtigsten, wenn es um Verhandlungen geht. Wenn der Straßenverkäufer als Einstieg einen Preis von 100 Euro nennt und danach runter geht auf 40 Euro geht, hört sich das nach einem unglaublichen Erfolg für den Käufer an, der Käufer weiß jedoch nicht, dass der Straßenverkäufer eigentlich noch bis auf 20 Euro heruntergehen könnte ohne eine Minus-Marge zu machen.

Also merk dir, fange bei einer Verhandlung immer mit einem unrealistischen Einstieg an, somit hast du vom Startpunkt an mehr Freiraum zum Verhandeln.

6.3 Sei der Erste

Ähnlich wie beim Einstieg ist es ebenfalls wichtig, dass du der erste bist, bei einer Verhandlung, der mit dem Einstieg anfängt. Grund dafür ist ganz einfach, dass wenn du nicht mit deinem „übertriebenen" Einstieg anfangen kannst, wird es der andere tun und dann kannst du nicht mehr dein „Anker" legen. Eine Harvard Studie belegt ebenfalls, dass wenn du der erste bist, der ein Angebot direkt ablegt, zeigt das von Selbstvertrauen und schreckt deinen Gegner schon von Anfang an ein.

6.4 Sicherheit

Das Selbstbewusstsein spielt beim Verhandeln die größte Rolle. Wenn der Gegenüber merkt, dass du unsicher bist, so wird er mit dir spielen. Es gibt viele verschiedene Wege wie man sich Selbstsicherheit aneignen kann. Der essentiellste Punkt ist auf jeden Fall, dass du auf dem entsprechenden Gebiet ein Profi bist.

Am besten ist es, wenn du dermaßen selbstsicher auftrittst, dass dein Gegenüber eingeschüchtert von deinem Wissen ist. Zeige ihm ruhig das du dich in diesem Gebiet auskennst, lasse ihn wissen, dass du ein Profi bist.

6.5 Zeige Emotionen

Wichtig beim Verhandeln sind ebenfalls deine Emotionen. Bei einer Verhandlung brauchst du alles andere als ein Pokerface. Zeige das du ambitioniert bist und das du es ernst meinst. Wenn ein unmögliches Gegenangebot kommt, zeige das, steh auf, schüttle den Kopf, lauf davon oder mache sonst irgendwelche körperliche und emotionale Bemerkungen, dass dieses Angebot unrealistisch sei. Durch dieses zeigen der Emotionen, denkt dein Verhandlungsgegner noch eher, dass es stimmt was du ihm vormachst. Wenn du einfach nur ruhig dasitzen würdest und sein Angebot ablehnst, denkt dein Gegner du spielst ebenfalls nur mit ihm also wird er weiterhin mit dir spielen. Denkt er jedoch, dass du es wirklich ernst meinst, wird er auch nicht mehr weiter verhandeln versuchen, sondern eher das akzeptieren was er hat oder bekommt.

6.6 Das Mittlere Angebot

Wenn es darum geht, dass du einem Kunden ein Angebot machst, ist immer wichtig, dass du ihm mehrere Vergleichsangebote zusätzlich gibst. Dadurch, dass du mehrere Angebote abgibst, kannst du den Kunden ein wenig beeinflussen. Wenn dein Ziel also ist dem Kunden einen Computer im Wert von 100 Euro zu verkaufen, bietest du ihm noch zwei weitere an, der eine teurer und der andere billiger. Eine Studie besagt, dass die Menschen immer lieber auf die Mitte gehen, sie wollen nicht den teuersten aber auch nicht den billigsten nehmen. Die mittlere Auswahl klingt meistens besser und sie denken, dass sie mit der mittlere Auswahl auf Nummer Sicher gehen.

Ein Budget sagt uns, was wir uns nicht leisten können.

Aber es kann uns nicht davon abhalten,

es dennoch zu kaufen.

William Feather

(1889-1981, amerikanischer Verleger und Autor)

7. Priming

Einer der wohl am meisten verbreiteten Taktiken ist das sogenannte „Priming". Es gibt grundsätzlich zwei verschiedene Arten von priming. Die eine Art von Priming wird oft im Marketing verwendet. Dabei geht es darum, jemandem etwas vertraut zu machen, indem man dieser Person dieses etwas ständig vor Augen führt.

Ein Beispiel: du stellst eine Person zur Wahl. Sie muss sich für eine Zahl zwischen 0 und 20 Entscheiden. Für welche dieser Zahlen wird Sie sich wohl entscheiden?

Ob du es nun glaubst oder nicht, das lässt sich beeinflussen. Wenn ein Mensch etwas oft sieht, so fühlt er sich im Unterbewusstsein vertraut damit. Wenn du jetzt also dafür sorgst, dass diese eine Person am selben Tag und am Tag zuvor oft einer gewünschten Zahl mehrmals begegnet. So ist die Wahrscheinlichkeit größer, dass er/sie diese eine Zahl auswählen wird.

Priming wird heutzutage sehr oft verwendet. Wir realisieren es nicht, aber überall findet Priming statt, vor allem im Marketing. Genau dasselbe geschieht mit Werbung, welche wir tagtäglich sehen. Sehen wir oft eine Werbung eines bestimmten Produktes und danach im Einkaufladen steht genau dieses Produkt zuvorderst am Regal, so ist die Wahrscheinlichkeit grösser, dass wir es kaufen, als wenn wir keine Werbung davon gesehen hätten. Dies geschieht nur, weil unser Unterbewusstsein dieses Produkt bereits kennt und wir uns somit damit vertraut fühlen. Auch das hat wieder mit verschiedenen Ängsten zu tun, denn wenn wir dieses Produkt kaufen, welches wir in der Werbung gesehen haben, dann wird es bestimmt gut sein, oder wir machen bestimmt nichts falsch mit diesem Kauf. Diese Art von Priming kann man im Alltag ebenfalls anwenden, jedoch braucht es hier ebenfalls eine gute Vorbereitung.

Die zweite Art von Priming wird öfter im Verkauf verwendet. Manche Leute kennen dieses auch unter dem Begriff „Anchoring" oder „Ankern". Im Prinzip funktioniert es genau gleich wie beim Verhandeln. Anstelle das wir eine Große oder kleine Zahl als Start-Verhandlungssumme festlegen, geht es hier mehr ins Emotionale. Es wird keine Zahl mehr festgelegt, sondern man benützt Wörter, welche beim Kunden eine gewisse Emotion auslösen. Zum Beispiel „Schnell", „Groß", „Bester", „Schön", das sind alles Positive Wörter, welche beim Kunden ein positives oder ein gutes Gefühl auslösen. Wenn du also am Anfang eines Gesprächs oder einer Beschreibung positive Wörter oder positive Punkte aufzählst, so ist der Anker von diesem Gespräch oder von der Beschreibung auf positiv gestellt, und es wird schwieriger ins Negative zu rutschen, als wenn man direkt mit dem Negative beginnt. Das hat auch viel mit dem ersten Eindruck zu tun. Wenn du eine Person neu kennenlernst und direkt zu Beginn dieser Person ein Kompliment machst, so hat diese Person schon von Anfang an ein besserer Eindruck von dir. Also in Zukunft immer zuerst mit den positiven Punkten Anfangen und danach mit den Negativen nachkommen. Hierzu wirst du im Kapitel „Einwand Vorbeugen" noch weiteres erfahren.

Um mit einem Geschäft erfolgreich zu sein,

um die Spitze zu erreichen,

muss das Individuum alles wissen,

was nur irgendwie möglich ist, über das Business.

J. Paul Getty

(1892-1976, Anglo-amerikanischer Industrieller)

Dieses Thema ist bei den verschiedensten Verkaufstrainern sehr umstritten. Einige Verkaufsprofis raten einem an man solle gut sein, wenn es um Einwand Verhinderung geht, also wenn ein Einwand kommt, solle man gut vorbereitet sein um den Einwand abwenden zu können. Andere Trainer raten einem eher besser im Einwand Vorbeugen zu sein, denn wer einen Einwand vorbeugen kann, muss sich danach nicht damit beschäftigen.

Wir beschäftigen uns in diesem Buch mehr um das Vorbeugen eines Einwandes, denn man kann dieses Wissen besser im alltäglichen Leben anwenden.

Einwände sind immer sehr mühsam. Überall im Alltag stößt man auf Einwände und man kann sie nur schwer verhindern. Der beste Trick ist ganz einfach Übung. Was auch immer du verkaufst, sei es ein Produkt oder eine Idee, du musst es üben, üben und üben. Bei jedem Versuch kommt ein anderer Einwand auf und hier ist es ganz wichtig, dass man sich merkt welche Einwände aufkommen könnten. Wenn du dann mit der Zeit also weißt, was für übliche Einwände auf dich zukommen könnten, kannst du im Verlauf des Gespräches schon anfangen die Einwände abzuarbeiten bevor der Kunde überhaupt was einzuwenden hat. Wenn du zum Beispiel weißt, dass jeder Kunde dein Produkt für überteuert hält, erzähle ihm schon von Anfang an, dass dein Produkt teurer ist aber dementsprechend viel mehr liefert. Durch diesen Vorgang verhinderst du, dass sich der Kunde zu lange mit den negativen Gedanken beschäftigt. Sobald der Kunde anfängt Einwände einzubringen fangen negative Sätze an und es zieht das ganze Gespräch in eine negative Richtung. Wenn du aber schon von Anfang an alle möglichen Einwände abdeckst, verschwendet der Kunde keine Zeit an negativen Gedanken mehr, sondern nur noch an die Vorteile des Produktes.

Ein zweiter sehr guter Vorgang zum Thema Einwand vorbeugen ist, die möglichen Einwandspunkte erst am Schluss des Gespräches zu erwähnen. Wenn du schon von Anfang an den negativen Punkt erwähnst, hast du also schon einen negativen Anker gesetzt und es wird schwerer den Kunden wieder in eine positive Richtung zu ziehen. Bei diesem Vorgang ist wichtig, dass du die Gewichtung der möglichen Einwände lernst einzuschätzen und dementsprechend mehr Vorteile lieferst. In einem Verkaufsgespräch geht es weniger um die Qualität der positiven Aspekten sondern mehr um die Quantität. Wenn du also mehr kleine positive Punkte an deinem Produkt aufzählst, kommt es beim Kunden besser an, als wenn du nur die großen essentiellen Punkte erzählst.

Stell dir eine Waage vor, welche auf einer Seite mit den positiven Aspekten beladen wird und auf der anderen Seite mit den negativen. Die positiven Aspekte werden fortlaufend während dem Gespräch auf die Waage gelegt, du hast jedoch nur eine Chance die negativen Aspekte auf die Waage zu legen. Sobald du den negativen Aspekt auf die Waage legst, stellt sich heraus ob der Kunde kauft oder nicht. Logischerweise legst du die negativen Aspekte erst ganz am Schluss auf die Waage, damit du mehr Zeit hast die Waage mit positiven Aspekten zu füllen.

Hier ein Beispiel: Du verkaufst einen Computer. Der Computer kostet 1000€, ist dementsprechend einiges teurer als ähnliche Konkurrenzangebote. Während dem Gespräch erzählst du dem Kunden, dass dein Computer der schnellste sei aber dementsprechend auch 1000€ kostet. Außer der Kunde will unbedingt den schnellsten Computer, ansonsten wird er den Computer nicht kaufen. Wenn du aber im Gespräch dem Kunden erzählst, dass dein Computer der schnellste sei, die beste Bildauflösung hat, die meisten USB Steckplätze hat und optisch am schönsten sei steigt die Wahrscheinlichkeit, dass der Kunde doch dein Computer kaufen wird. Es geht nicht unbedingt um die Qualität des Arguments, es könnte auch sein, dass dein Computer nicht die schönste Bildauflösung hat, du aber trotzdem erwähnst er habe eine schöne Auflösung, somit hast du immer noch mehr Chancen als wenn du es nicht erwähnen würdest. Merk dir, so viele positive Argumente erzählen wie nur möglich, Quantität vor Qualität.

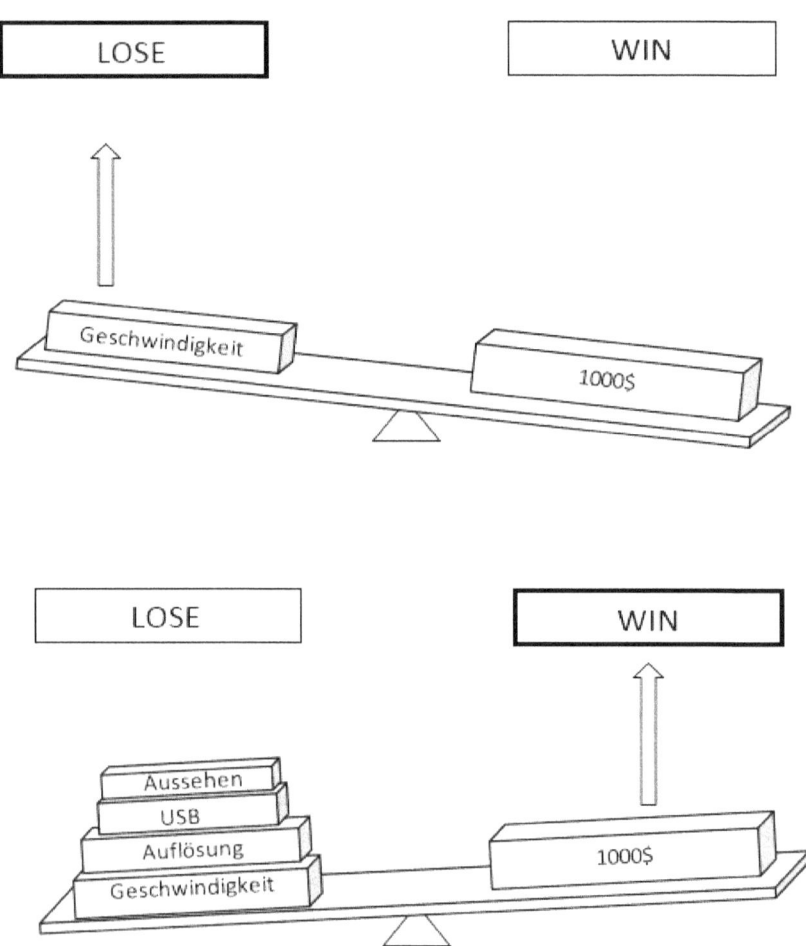

Eine gute Entscheidung basiert

auf Wissen und nicht auf Zahlen.

Plato

(428-347BC, griechischer Philosoph, Wissenschaftler und Schriftsteller)

Nun bist du beim letzten und somit auch wichtigsten Teil des Buches angelangt. All diese Tipps und Tricks welche du bisher von diesem Buch, oder sonstigen Quellen, gelernt hast, helfen dir nicht weiter, wenn du nicht selbstsicher genug bist. Selbstsicherheit ist reine Kopfsache und jeder kann es erlernen. Im Großen und Ganzen kommt es nicht darauf an was du machst, sondern wie du es machst. Ohne ein selbstsicheres Auftreten wird dir nichts von diesem, oder anderen Bücher helfen. Selbstsicherheit brauchst du überall im Leben, vom Dating zum Berufsleben bis zum Freundschaften knüpfen.

Es gibt hier wiedermal hunderte verschiedene Tipps und Tricks wie man selbstsicherer werden kann, doch in dieser Thematik sind wir wiedermal einfach zu verschieden um wirklich einen perfekten Weg dafür zu finden. Selbstsicherheit hat damit zu tun, dass du dich so akzeptierst wie du bist, dass du weißt du bist ein einzigartiger Mensch und keiner dich ersetzten kann. Es gibt einige Leute, welche sich immer gerne schön anziehen, weil sie sich dann sicherer fühlen und somit besser ihre Arbeit erledigen. Es gibt Leute, welche jeden Tag meditieren um so ihre innere Mitte zu finden und dementsprechend selbstsicher durch den Tag gehen können. Finde deine Stärken, werde dir bewusst zu was du fähig bist. Sprich mit dir selber jeden Tag und lobe dich bei allem was du tust.

Der beste Weg sich Sicherheit in einem Gebiet zu verschaffen ist, indem man sich in diesem Gebiet alles nur mögliche Wissen aneignet. Denn Wissen bedeutet Macht und mit Macht komm die Selbstsicherheit. Mächtige Menschen wissen zu was sie fähig sind und sind von sich selber überzeugt, dass sie alles erreichen können was sie wollen. Finde deine Stärken und konzentriere dich nur noch auf deine Stärken, Tag ein Tag aus Fokus auf deine Stärken. Vergiss deine Schwächen und höre auf Zeit damit zu verschwenden deine Schwächen irgendwie auf ein Minimum oder auf einen Durchschnitt zu bringen. Das ist reine Zeitverschwendung und du befasst dich somit viel zu viel mit negativen Einflüssen. Deine Stärken sind diese Eigenschaften im Leben welche dich auf deine persönliche Art und Weise erfolgreich machen werden. Höre nicht auf an deinen Stärken zu arbeiten und du wirst sehen wie du besser als alle anderen wirst und dein Selbstbewusstsein wird automatisch mitwachsen. Gewöhne dich an dieses Gefühl welches du hast, wenn du komplett in deinem Element bist und gewöhne dir an dich so zu fühlen auch wenn es manchmal um eine Thematik geht, bei welcher du kein Experte bist. Fange an dich und die Menschen in deinem Umfeld mehr zu loben und zu stärken.

Manchmal im Leben muss man aus der Komfortzone gehen um Gewisses zu erreichen. Genau in solchen Situationen fällt es dem einen oder anderen schwer selbstsicher zu bleiben. Selbstvertrauen bedeutet nicht nur zu wissen, dass man in etwas gut ist, sondern es bedeutet auch, dass man an sich glaubt etwas erlernen zu können. Obwohl du vielleicht in einer Thematik nicht gerade gut bist kannst du trotzdem selbstsicher dastehen, weil du weißt, dass du bereit dazu bist alles zu machen um der Beste zu werden. Du weißt, dass du später mal besser sein wirst. In diesem Fall ist es aber wichtig, dass du nicht arrogant wirst. Selbstsicherheit hat wenig mit Arroganz zu tun. Ein Schritt aus der Komfortzone ist meistens genau das was man braucht um Selbstsicherheit zu gewinnen. Sich ein Ziel zu setzen und auf dieses Ziel hinzuarbeiten. Sobald das Ziel erreicht wird kannst du zurückschauen und siehst deine persönlichen Fortschritte.

Deine täglichen Handlungen haben ebenfalls Einwirkungen auf dein Selbstvertrauen. Wenn du dir vornimmst gesünder zu essen und danach doch eine Pizza isst, hast du ein schlechtes Gewissen und dein Unterbewusstsein macht eben genau das Gegenteil von Selbstsicherheit aufbauen. Achte dich darauf jeden Tag so zu leben wie du es für richtig hältst. Halte dich an deine Vorsätze.

Verbessere dich von Tag zu Tag und dein Unterbewusstsein stärkt sich ebenfalls. Ohne das du es merkst, baust du Selbstsicherheit auf.

Du musst also nicht überall der Beste sein. Lerne deine Fähigkeiten zu schätzen. Du wirst sehen, dass sich in deinem Leben vieles verändert, wenn du anfängst selbstsicherer durchs Leben zu gehen.

Fürchte Dich nicht vor einem großen Schritt.

Man kann einen Abgrund nicht mit zwei kleinen Sprüngen

überqueren.

David Lloyd George

(1863-1945, britischer Politiker und Staatsmann)

Schlusswort

Es freut mich, dass du dieses Buch zum Ende durchgelesen hast. Nutze die Informationen welche du in diesem Buch gelernt hast für dich und übe sie jeden Tag.
Das absolut wichtigste ist, dass du regelmäßig übst und von deinen Fehlern lernst. Es gibt keine perfekte Anleitung wie man verkauft oder wie man Menschen überzeugt, also mache dich auf die Suche nach deinem eigenen besten Weg.

Ich bedanke mich recht herzlich und hoffe dich bei meinen weiteren Büchern als Leser dabei zu haben.

Rechtliches und Impressum:

Ich bin stets bemüht, alle Informationen und Angaben in diesem Buch korrekt und auf dem neuesten Stand zu halten. Leider ist es trotzdem nie vollkommen ausgeschlossen, dass Fehler oder Unklarheiten entstehen. Aus diesem Grund übernehme ich keine Gewähr für Aktualität, Richtigkeit, Qualität und Vollständigkeit dieses Werkes. Für Schäden, die durch die (Nicht-)Nutzung dieser Informationen, sowohl mittel- als auch unmittelbar entstehen, hafte ich nicht. Für Hinweise auf Fehler wäre ich Ihnen sehr dankbar!

Eli J. Peterson wird vertreten durch:

Joel Hauri
Gran Via 686, 2-2
08010 Barcelona
Spanien